MI CUERPO
MI CUERPO TIENE UNA
BOCA

AMY CULLIFORD

Traducción de Milly Blanco

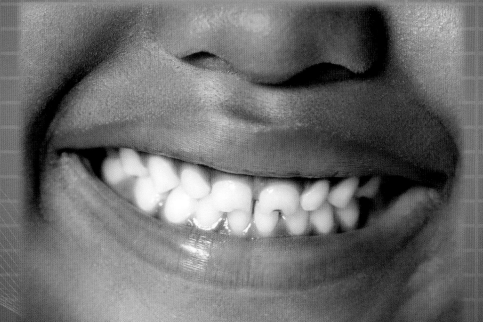

Un libro de Las Raíces Plus de Crabtree

CRABTREE
Publishing Company
www.crabtreebooks.com

Apoyos de la escuela a los hogares para cuidadores y maestros

Este libro ayuda a los niños en su desarrollo al permitirles practicar la lectura. Abajo están algunas preguntas guía para ayudar al lector a fortalecer sus habilidades de comprensión. En rojo hay algunas opciones de respuesta.

Antes de leer:

- ¿De qué pienso que tratará este libro?
  - *Pienso que este libro trata de las cosas para las que uso mi boca.*
  - *Pienso que este libro es sobre los sonidos que salen de mi boca.*
- ¿Qué quiero aprender sobre este tema?
  - *Quiero aprender sobre las diferentes partes de mi boca.*
  - *Quiero aprender sobre las maneras de cuidar mis dientes.*

Durante la lectura:

- Me pregunto por qué...
  - *Me pregunto por qué tengo tantos dientes en la boca.*
  - *Me pregunto por qué tengo una lengua.*
- ¿Qué he aprendido hasta ahora?
  - *Aprendí que puedo usar mi boca para cantar.*
  - *Aprendí que un dentista es una persona que me mira los dientes.*

Después de leer:

- ¿Qué detalles aprendí de este tema?
  - *Aprendí que debo cepillarme y usar hilo dental todos los días.*
  - *Aprendí que mi lengua me ayuda a probar la comida.*
- Lee el libro una vez más y busca las palabras del vocabulario.
  - *Veo la palabra **dentista** en la página 16 y las palabras **hilo dental** en la página 17. Las demás palabras del vocabulario están en la página 23.*

Tú tienes una **boca**.

Es parte de tu cara.

Tú usas tu boca para hablar.

Tu boca puede mostrar lo que sientes.

Tú puedes sonreír
cuando te sientas feliz.

Tú puedes fruncir el ceño cuando te sientas molesto.

¡Yo uso mi boca para cantar!

Tú tienes dos **labios**.

¡Uso mis labios para besar a mi mamá!

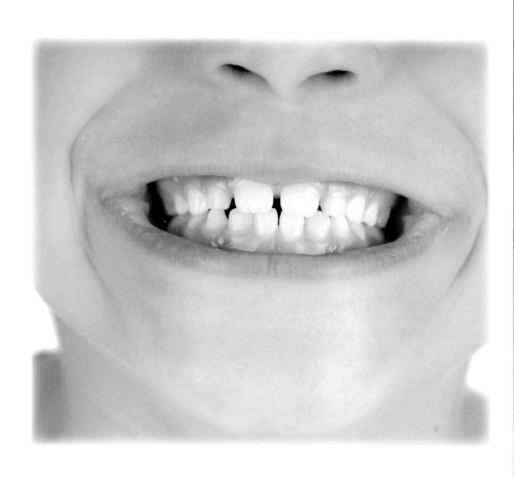

Tienes **dientes** en la boca.

Los dientes nos ayudan
a comer y masticar.

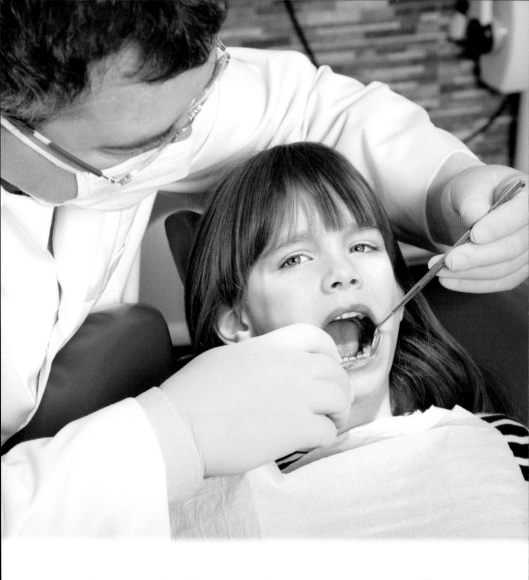

¡Abre bien! Un **dentista** te mira los dientes.

¡Me lavo y uso **hilo dental** todos los días!

Tu **lengua** está en tu boca.

Tu lengua te ayuda a probar cosas.

¡Uso mi lengua para
hacer una cara tonta!

Lista de palabras
Palabras básicas

a	es	que
abre	hablar	sientas/sientes
ayuda	hacer	sonreír
cantar	mamá	tienes
cara	masticar	tonta
comer	mi	tu
cosas	mira	una
de	mostrar	usas
dos	nos	y
días	parte	yo
el	probar	
en	puedes	

Palabras para conocer

boca

dentista

dientes

hilo dental

labios

lengua

MI CUERPO
MI CUERPO TIENE UNA
BOCA

Written by: Amy Culliford
Translation to Spanish: Milly Blanco
Designed by: Rhea Wallace
Series Development: James Earley
Proofreader: Janine Deschenes
Educational Consultant: Marie Lemke M.Ed.
Photographs:
Shutterstock: Rido: cover, p. 3; Veronica Louro: p. 4, 14;
    wavebreakmedia: p. 5; Krakenimages.com: p. 7; Nordic
    Studio: p. 8; Johm Roman Images: p. 9; paulaphoto: p.
    11; Toey: p. 12; ffoto29: p. 13; Samuel Borges Photography:
    p. 15; Kinga: p. 16; Bon Nontawat: p. 17

Library and Archives Canada
Cataloguing in Publication

CIP available at Library and Archives Canada

Library of Congress
Cataloging-in-Publication Data

CIP available at Library of Congress

Crabtree Publishing Company

www.crabtreebooks.com   1-800-387-7650

Published in the United States
Crabtree Publishing
347 Fifth Avenue, Suite 1402-145
New York, NY, 10016

Published in Canada
Crabtree Publishing
616 Welland Ave.
St. Catharines, ON, L2M 5V6